情緒海洋系列

鯊魚很害羞

作　　者：凱蒂·伍利（Katie Woolley）
繪　　圖：戴維·奧魯米（David Arumi）
翻　　譯：潘心慧
責任編輯：潘曉華
美術設計：許鍩琳
出　　版：新雅文化事業有限公司
　　　　　香港英皇道499號北角工業大廈18樓
　　　　　電話：（852）2138 7998
　　　　　傳真：（852）2597 4003
　　　　　網址：http://www.sunya.com.hk
　　　　　電郵：marketing@sunya.com.hk
發　　行：香港聯合書刊物流有限公司
　　　　　香港荃灣德士古道220-248號荃灣工業中心16樓
　　　　　電話：（852）2150 2100
　　　　　傳真：（852）2407 3062
　　　　　電郵：info@suplogistics.com.hk
印　　刷：中華商務彩色印刷有限公司
　　　　　香港新界大埔汀麗路36號
版　　次：二〇二三年三月初版

ISBN: 978-962-08-8097-1
Original Title: *The Emotion Ocean: Shark Feels Shy*
First published in 2021 by Hodder & Stoughton
Copyright © Hodder & Stoughton Limited
All rights reserved.
Text by Katie Woolley
Illustrations by David Arumi
The right of David Arumi to be identified as the illustrator of this Work has been asserted in accordance
with the Copyright, Designs and Patents Act, 1988.

Franklin Watts
An imprint of
Hachette Children's Group
Part of Hodder & Stoughton
Carmelite House
50 Victoria Embankment
London EC4Y 0DZ
An Hachette UK Company
www.hachette.co.uk
www.franklinwatts.co.uk

Traditional Chinese Edition © 2023 Sun Ya Publications (HK) Ltd.
18/F, North Point Industrial Building, 499 King's Road, Hong Kong
Published in Hong Kong SAR, China
Printed in China

鯊魚很害羞

凱蒂·伍利 著
戴維·奧魯米 繪
潘心慧 譯

新雅文化事業有限公司
www.sunya.com.hk

前言

《情緒海洋系列》能幫助小朋友認識自己的情緒，以及這些情緒對自己和別人所帶來的影響。與此同時，故事裏也會提供一些簡單的方法，幫助小朋友管理情緒。

每個故事皆以海洋為背景，講述海底學校的動物們在日常生活中所經歷的不同情緒，讓家長和老師能輕鬆地引導小朋友進入有關情緒的討論。例如在本故事《鯊魚很害羞》中，探討的情緒是害羞——它會帶給小朋友什麼感覺，小朋友會因而產生什麼反應，以及怎樣克服它使自己變得勇敢。

本系列適合大人和小朋友一起共讀，以此開啟話題，進行討論。共讀故事時，建議選擇一個大人和小朋友都感到放鬆、不匆忙的時間。在正式講故事之前，大人可引導小朋友首先觀察書中的圖畫，猜一猜這本書的內容是什麼，讓小朋友能更快、更自然地投入故事。

新雅・點讀樂園 升級功能

讓親子閱讀更有趣！

　　本系列屬「新雅點讀樂園」產品之一，若配備新雅點讀筆，爸媽和孩子可以使用全書的點讀和錄音功能，聆聽粵語朗讀故事、粵語講故事和普通話朗讀故事，亦能點選圖中的角色，聆聽對白，生動地演繹出每個故事，讓孩子隨着聲音，進入豐富多彩的故事世界，而且更可錄下爸媽和孩子的聲音來說故事，增添親子閱讀的趣味！

　　「新雅點讀樂園」產品包括語文學習類、親子故事和知識類等圖書，種類豐富，旨在透過聲音和互動功能帶動孩子學習，提升他們的學習動機與趣味！

想了解更多新雅的點讀產品，請瀏覽新雅網頁（www.sunya.com.hk）或掃描右邊的QR code進入 新雅・點讀樂園 。

如何使用新雅點讀筆閱讀故事？

1. 下載本故事系列的點讀筆檔案

1 瀏覽新雅網頁(www.sunya.com.hk) 或掃描右邊的QR code 進入 新雅・點讀樂園 。

2 點選 下載點讀筆檔案 ▶ 。

3 依照下載區的步驟說明，點選及下載《情緒海洋系列》的點讀筆檔案至電腦，並複製至新雅點讀筆的「BOOKS」資料夾內。

2. 啟動點讀功能

開啟點讀筆後，請點選封面右上角的 新雅・點讀樂園 圖示，然後便可翻開書本，點選書本上的故事文字或圖畫，點讀筆便會播放相應的內容。

3. 選擇語言

如想切換播放語言，請點選內頁左上角的 粵 ☆ 普 圖示，當再次點選內頁時，點讀筆便會使用所選的語言播放點選的內容。

4.播放整個故事

如想播放整個故事，請直接點選以下圖示：

5.製作獨一無二的點讀故事書

爸媽和孩子可以各自點選以下圖示，錄下自己的聲音來說故事！

① 先點選圖示上爸媽錄音 或 孩子錄音 的位置，再點 OK，便可錄音。

② 完成錄音後，請再次點選 OK，停止錄音。

③ 最後點選 ▶ 的位置，便可播放錄音了！

④ 如想再次錄音，請重複以上步驟。注意每次只保留最後一次的錄音。

星期五的下午，又到了甲班「展示和分享」
的時間。

全班都很興奮，除了⋯⋯

鯊魚一整天都很安靜。他把心愛的寵物帶到學校，但他害怕獨自一個站在所有同學面前作介紹。

「有誰想先開始？」獨角鯨老師問。

鯨魚舉起她的側鰭，擺着尾巴跳來跳去。

「我！我！」她興奮得唱着說。

12

鯨魚朗誦了一首好詩。

神仙魚展示了一幅色彩繽紛的圖畫。

劍魚和水母一起翩翩起舞。

最後輪到鯊魚了。他游到老師的書桌前。

但當他轉身面向同學時，他感到肚子翻了
一個大筋斗似的。

「呃，這是我……我，我，我……」
他結結巴巴地說。

突然，鯊魚游走了！

獨角鯨老師到處尋找鯊魚，終於在失物櫃裏找到了他。

「我做不到！」鯊魚吸着鼻子說，「我不喜歡每個同學都看着我。我感到很害羞。」

「感到害羞是沒關係的。」獨角鯨老師說，
「每個人都有害羞的時候。」

「我很想讓大家認識阿西，但又不想自己一個站出來介紹。」鯊魚難過地說。

24

獨角鯨老師想到一個辦法。

甲班的同學都在等待鯊魚。

「你還好嗎？」海星問。

「我沒事了！」鯊魚笑着說，「剛才我感到很害羞，但獨角鯨老師有個辦法。你們願意幫忙嗎？」

動物們聽了獨角鯨老師的辦法後，都覺得好極了。

　　「這是今天『展示和分享』時間的壓軸好戲呀！」水母大聲說。

全班同學都站起來，還幫助鯊魚把盤成一團的阿西展開。

鯊魚做了一個深呼吸，小聲地說：「這是阿西——我的好朋友。」然後再用響亮和清晰的聲音說：「他是一條海蛇！」

鯊魚看着身邊的每個朋友⋯⋯

突然，他不再感到害羞，肚子也不再翻筋斗了。
鯊魚感到自己充滿勇氣！

嘶！

認識 情緒 很重要！

情緒對你很重要，對於鯊魚和他的朋友們也一樣。請你看看以下各圖，說一說圖中角色們的感覺。每幅圖畫旁邊的問題可以幫助你思考：

是不是每個甲班的動物都對「展示和分享」的活動感到興奮？

鯊魚為什麼游走？

鯊魚怎麼做才讓自己不再感
到害羞？

在故事的結尾，鯊魚感覺
怎樣？

你能想到一個感到害羞的經
驗嗎？人人都有害羞的時候，甚
至是大人也會有這感覺！你可以
找大人問一問，說不定他們會告
訴你，他們曾經在什麼時候也感
到害羞呢。

活動建議

　　看完故事後，家長或老師可以跟小朋友展開延伸活動，讓小朋友更容易吸收和理解故事中所說的情緒，並連繫到自己的日常生活經驗。以下有一些討論話題和活動建議供參考：

關於故事內容

· 請小朋友說說鯊魚在不同事情發生後的感覺。
· 問問小朋友有沒有感到害羞的時候。記不記得是在什麼時候？為什麼覺得害羞？

關於認識自己

· 跟小朋友談一談，為什麼了解自己的情緒那麼重要。如果能夠明白自己在某情況下的情緒反應，他的心裏會不會覺得好過一些？
· 了解自己的情緒，會不會幫助他和其他小朋友相處得更好？為什麼？

關於認識自己和別人對情緒產生的反應

活動小提示：

＊ 此活動特別適合多人參與。如人數較少（例如只有爸爸、媽媽和小朋友），也可由各參與者說出自己的經驗、感覺和想法，再一起討論。
＊ 如參與的小朋友較多，可先把他們分成幾組再進行討論。

· 請參與者想一個可能會感到害羞的情況。身為朋友，如何讓那個害羞的小朋友好過些？（例如有人感到不安時，請他的朋友坐在他旁邊，或跟他一起玩。）
· 分組時間結束後，各組請委派一人做代表，把記下的事情讀出來，然後全班一起討論。